# CHANSONS

# ET ROMANCES.

# CHANSONS

# ET ROMANCES

## CHANTÉES

## DANS LES SALONS

## ET SOCIÉTÉS LYRIQUES DE PARIS

## En 1844.

Inédites jusqu'à ce jour,

### RECUEILLIES

PAR M. DALÈS AINÉ,

**Membre de la Société Philarmonique.**

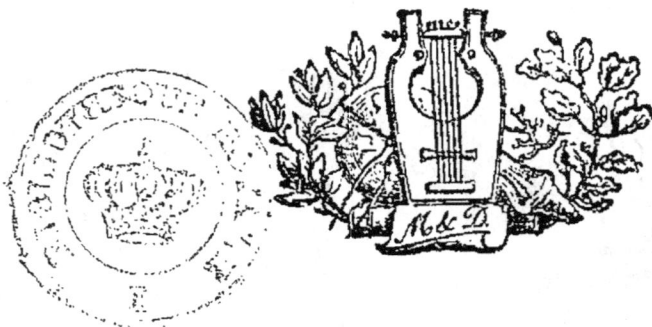

**PARIS,**

B. RENAULT, ÉDITEUR,

—

1844.

# CHANSONS

## ET ROMANCES

<hr />

### Les amis des dames.

Air : *Vive la saison de l'automne.*

Puisque l'amour grandit les âmes
Et les porte aux nobles succès,
Aimons bien ; les amis des dames
Sont aussi les meilleurs Français.

Quand Philippe-Auguste, à Bouvine,
De l'Anglais brisait les complots,
D'Agnès les lèvres purpurines
Avaient enflammé le héros !
Puisque l'amour, etc.

Louis-Neuf, de sainte mémoire,
En sa dame avait un appui :
Marguerite allait, dit l'histoire,
Même à la croisade avec lui.
Puisque l'amour, etc.

Charles-Sept perdait notre France,
Sans les charmes d'Agnès Sorel,
Qui, pour hâter sa délivrance,
Sut en faire un Charles-Martel!
Puisque l'amour, etc.

Louis-Douze, après la campagne,
Au repos rendant ses guerriers,
Aux genoux d'Anne de Bretagne
Aimait à compter ses lauriers!
Puisque l'amour, etc.

François-Premier, dans la carrière,
Trahi par sa trop vive ardeur,
Près de la belle Féronnière
Venait retremper sa vigueur.
Puisque l'amour, etc.

Dans son Louvre laissons s'ébattre
Avec ses mignons Henri-Trois,
Et fêtons notre Henri-Quatre,
Sa Gabrielle et ses exploits.
Puisque l'amour, etc.

Louis-Quatorze, d'humeur fière,
Courbé sous d'attrayans liens
Etait aux pieds de Lavallière,
Lorsque l'Europe était aux siens.
Puisque l'amour, etc.

Avec ses armes conquérantes
Ce grand monarque, quoique vieux,
Eût-il détruit l'Édit de Nantes,
S'il n'eût cessé d'être amoureux?
Puisque l'amour, etc.

Quoi qu'on dise de ses ripailles,
Louis-Quinze faisait en roi
Danser les belles à Versailles
Et les Anglais à Fontenoy.
Puisque l'amour, etc.

Mais des anciens, des nouveaux âges,
La France, dans son Panthéon,
Voit ces deux plus grandes images :
Charlemagne et Napoléon.
Puisque l'amour, etc.

Charlemagne, dans les batailles
Qu'il savait gagner chaque jour,
Portait sous sa cotte de mailles
Un talisman fait par l'amour.
Puisque l'amour, etc.

Napoléon, sur sa poitrine,
Quand il sentait, au champ d'honneur,
Le bracelet de Joséphine,
S'écriait : Mon peuple est vainqueur!
Puisque l'amour, etc.

A la gloire, à l'amour fidèles
Sont nos citoyens, nos soldats.
S'il fallait citer des modèles ,
La chanson ne finirait pas !
Puisque l'amour, etc.

Des dames soyons donc esclaves
Et nous deviendrons aguerris ;
Puis les belles parmi les braves
Feront choix de leurs favoris.

Puisque l'amour grandit nos âmes
Et les porte aux nobles succès ,
Aimons bien ; les amis des dames
Sont aussi les meilleurs Français.

E.-C. Piton.

## L'étudiant converti.

### PARODIE.

*Air de Gastibelza*

Gaston Belzac, l'homme de *Carabine*,
Fille de bien,
Chantait ainsi : Je suis dans 'a débine,
Je n'ai plus rien.

Il faut chômer de tabac et de bierre,
  Plus de polka !
Et Carabine, avide de *Chaumière*,
  M'a planté-là.

Pour elle, hélas ! pour ma belle Andalouse
  A l'œil de feu,
J'avais quitté le Code, cet in-douze
  Blanc, rouge et bleu.
Des examens, trop négligés pour elle,
  L'argent filait,
Et sur mon front la foudre paternelle
  S'amoncelait.

Que son allure était leste et pimpante
  Dans les galops,
Quand du cancan la fougue haletante
  Tordait son dos !
L'ordre public lorgnait sa danse énorme
  D'un œil fatal,
Et l'on voyait s'alarmer l'uniforme
  Municipal.

Elle jurait, râclait de la guitare
  Et chantait faux ;
Elle jouait, en fumant son cigare,
  Aux dominos.

1.

Son orthographe était pompeuse et digne,
Elle mettait
Point et virgule au bout de chaque ligne
Qu'elle écrivait.

Plaisirs ardens de mes jeunes années,
Plaisirs si doux,
Disparaissez ; tombez, roses fanées,
Effeuillez-vous.
Je veux un jour pour ma vaste science
La croix d'honneur ;
De par le ciel je serai pair de France......
Ou procureur !

## La marchande de fleurs.

Air : *En chantant, joyeux troubadours.*

Près de l'asile des douleurs
Je tresse festons et guirlandes ;
Qui veut acheter des offrandes ?
Voici la marchande de fleurs.

Passans, faites halte en ces lieux,
Entrez, entrez au cimetière ;
Venez faire votre prière

Sur la cendre de vos aïeux.
Qui de vous dans cette retraite
N'a pas quelque vieux souvenir?
Un bouquet doit le rajeunir;
Qui veut en faire empiette?
      Près de l'asile , etc.


Au son d'un lugubre tambour,
De vieux grenadiers, l'œil humide,
Accompagnent un invalide
Au repos du dernier séjour.
Je lui dois des fleurs et des larmes;
Veuve, hélas! d'un époux soldat
Qui mourut martyr au combat,
J'honore un frère d'armes,
      Près de l'asile, etc.


Près de moi, tu verses des pleurs,
Le deuil est-il dans ta famille?
Oh! dis-moi pourquoi, jeune fille,
Tristement tu fixes mes fleurs?
As-tu besoin d'une couronne
Pour orner des restes chéris?
Va, si tu n'en as pas le prix,
Enfant, je te la donne.
      Près de l'asile, etc.

Fièrement passez devant moi,
Riez, jeune essaim de coquettes ;
Le temps fuit, bientôt sur vos têtes
Doit sonner le fatal beffroi.
Oui, demain, les roses nouvelles
Dont l'amour pare votre front,
Peut-être, hélas! se changeront
En sombres immortelles.

  Près de l'asile, etc.


Jadis, sous un ciel nébuleux,
A travers les froides Russies,
Nous manquions de palmes fleuries
Au convoi de nos mille preux ;
Mais pour son pays qui succombe
A gagné l'immortalité !
Qu'importe alors qu'on ait planté
Des cyprès sur sa tombe ?

  Près de l'asile, etc.


Ma main a planté des cyprès
Sur plus d'une tombe immortelle,
Pour vous, sergens de La Rochelle,
Combien j'ai vendu de bouquets !
Je me rappelle avec tristesse,
Au jour de votre beau trépas,

Que mes fleurs ne suffirent pas ,
Tant fut grande la presse.
Près de l'asile , etc.

## Le torrent écumeux.

*Air nouveau.*

Le ciel est pur, et le vent orageux
N'agite plus le pin de la montagne,
Mais du torrent les flots impétueux
Avec fracas roulent dans la campagne.
Viens , ma Zaphné ; dans ces sauvages lieux ;
Le doux printemps t'offre encore un asile ;
Viens, ma Zaphné, sous un ciel plus tranquille,
T'asseoir au bord du torrent écumeux.

Sans le donner promets-tu le bonheur,
Baiser d'amour dont le feu me dévore ?
Le flot rapide entraîne cette fleur,
Fleur de beauté passe plus vite encore.
A couronner le plus doux de mes vœux ,
Belle Zaphné, quoi ! ton amour hésite !
Songes-y bien , le temps se précipite
Comme les flots du torrent écumeux.

Ange d'amour, ange de volupté,
Pour ton amant ta présence chérie
Fait d'un désert un séjour enchanté;
Seul avec toi je veux couler ma vie.
Fille charmante, en sons mélodieux
Fais retentir ta voix flexible et tendre;
Qu'elle me plaît! ah! que j'aime à l'entendre
S'unir au bruit du torrent écumeux.

Mais tu souris, tu ne te défends plus;
Ta bouche cède au baiser que j'implore;
Dans un baiser expire ton refus,
O ma Zaphné, que peux-tu craindre encore?
Hors ces ramiers, comme nous amoureux,
Nous sommes seuls dans toute la nature;
De tes soupirs se perd le doux murmure
Dans le fracas du torrent écumeux.

## La Solitude.

*Air du Suisse.*

Dans un bois tout est sombre,
Tout sourit aux amours,
La solitude et l'ombre
Les protègent toujours.

Laure, dans la praierie
Tu m'as dit mille fois :
« Je serai ton amie. »
Viens me le dire au bois.

Un amoureux ombrage
Cachera ta rougeur,
Le plus épais feuillage
Calmera ta pudeur ;
Le chant de la fauvette
Couvrira tes soupirs ;
Complice d'amourette,
Elle a tous nos désirs.

Que peux-tu craindre encore ?
Regarde, il fait grand jour ;
Vois le soleil qui dore
Nos vignes d'alentour.
La cloche du village
N'a pas dit à l'écho
Que toute fille sage
Doit rentrer au hameau.

## L'Amour en guerre.

*Air connu.*

Lorsque l'amour voulut livrer bataille,
On crut devoir résister à ses coups;
Mais cette ardeur n'était qu'un feu de paille
Et l'univers fut bientôt à genoux.
 Combattre était peine perdue.
 Et les plus sages à sa vue
 Fuyaient au grand cri de holà!
 Jeunesse imprudente, halte-là!
 Holà! holà! hola! holà! hola!
 Sauve qui peut! amour est là. (*Bis.*)

Tendres plaisirs éclairaient la colonne,
L'espoir flatteur les suivait de fort près;
Les jeux, les ris, et l'amour en personne,
L'épée au poing, marchaient bientôt après;
 Ensuite les plaisirs faciles,
 Et les regrets en serre-filles
 S'avançaient au cri de holà!
 Jeunesse imprudente, halte-là!
 Holà! holà! holà! holà! holà!
 Sauve qui peut, amour est là.

Un corps nombreux de jeunes innocentes,
Novice encor, mais bouillant de valeur,
Osa tenter des manœuvres savantes
Pour ralentir la marche du vainqueur ;
Comme il manquait d'expérience,
Amour rit de sa résistence ;
Tout se soumit, on détala,
Et l'innocence en vain cria :
Holà ! holà ! holà ! holà ! holà !
Sauve qui peut, amour est là.

Restait encore l'élite des mortelles,
Troupe superbe, où toutes les beautés
Avaient conquis des palmes immortelles
En cent combats vaillamment disputés ;
Mais quand les regrets approchèrent,
Les coquettes capitulèrent,
Tout se soumit, on détala,
Lorsque le vainqueur s'écria :
Holà ! holà ! holà ! holà ! holà !
Sauve qui peut, amour est là !

Ainsi finit cette brillante affaire
Qui couronna les efforts de l'Amour,
Et lui soumit les beautés de la terre.
Dans ce combat nul ne perdit le jour ;
Beaucoup naquirent, au contraire,

Des douces suites de la guerre,
Et quand l'Amour reparaîtra
Chaque belle aussitôt dira :
Plus de holà, plus de holà,
Il faut se rendre, Amour est là.

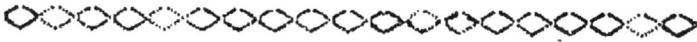

## Le Remède Militaire.

Air de *Ketty.*

Des médecins et de la pharmacie
Un bon soldat connaît peu les secrets ;
Est-il blessé, le schnick et l'eau-de-vie
D'une compresse ont bientôt fait les frais,
Et je m' souviens qu' souvent à l'ambulance
Pour. nous panser quand arrivait le flacon,
En d'dans, morbleu! nous mettions l'ordon-
Et la victoire ach'vait la guérison.        [nance

## L'épaisseur du bois.

Air : *Le baiser du soir.*

J'avais douze ans ; déjà dans le village
Sur un troupeau j'exerçais mon pouvoir,
Et dans les champs du matin jusqu'au soir
Je le gardais comme fait fille sage.
 Alors, pour la première fois ,
 Simple comme on est dans l'enfance ,
 Je pénétrai sans défiance
  Dans l'épaisseur du bois.

Treize ans sonnaient, mais à cet âge encore
Sombre réduit ne parle pas au cœur ;
Mes blancs moutons faisaient tout mon bonheur
Et leurs doux cris m'éveillaient dès l'aurore,
 Toujours dociles à ma voix ,
 Ils se guidaient sur ma houlette ;
 Nous allions d'herbette en herbette
  Dans l'épaisseur du bois.

A quatorze ans, il n'est plus de mystère ;
Je devinai le germe du plaisir ;
Dans un ruisseau je trouvais un désir

En me voyant a travers l'onde claire,
   Houlette tombait de mes doigts,
   C'était pour chercher autre chose :
   Je parais mon sein d'une rose
     Dans l'épaisseur du bois.

Quand j'eus quinze ans, je n'étais plus la même;
L'amour alors avait pris le dessus.
Joli troupeau, je ne vous aimai plus
Lorsque Lucas me fit dire : je t'aime.
   Sur moi bientôt il eut des droits;
   Sa main triompha de la mienne;
   Ma bouche obéit à la sienne
     Dans l'épaisseur du bois.

Mais à seize ans cette douce tendresse
De plus en plus irritait notre ardeur ;
Dans un baiser n'était plus le bonheur,
Nos yeux brûlans nous le disaient sans cesse.
   Bientôt ma pudeur aux abois
   N'opposa que molle défense,
   Et je perdis mon innocence
     Dans l'épaisseur du bois.

## Mais il faudrait m'aimer.

Air : *Ne vous déguisez pas, fillettes.*

La belle qui m'est chère,
D'un air triste et rêveur,
Me disait : « Sur la terre
Où donc est le bonheur ?
De l'amour le plus tendre,
Toi qui sut m'enflammer,
Je pourrais te l'apprendre ;
Mais il faudrait m'aimer.

Au même nid fidèles
Pendant tout un printemps,
On voit deux tourterelles
Unir leurs doux accens.
Sans ennuis, sans caprices,
Si long-temps se charmer.
Tu saurais leurs délices,
Mais il faudrait m'aimer.

Ma belle, ton sourire
Serait plus enchanteur,
Ta voix, que l'on admire,
Aurait plus de douceur.

Dans ta noire prunelle
On verrait s'allumer
Une flamme nouvelle ;
Mais il faudrait m'aimer.

## Le plaisir des champs.

*Air du vieux protecteur.*

Fuyons, fuyons la ville
Et ses plaisirs trompeurs ;
On est bien plus tranquille,
Loin de la ville,
Au doux pays des fleurs.

Ici quoi qu'on en dise
Libre l'on n'est jamais ;
Nous le serons, Elise,
Au sein d'un bois épais.
La crainte sous l'ombrage
Cède à la volupté ;
Chaque arbre est, au bocage,
L'arbre de liberté.

Fuyons, etc.

Au cercle où vient se rendre

L'étiquette aux grands airs ,
La lyre fait entendre
D'harmonieux concerts.
Sans regret, sans envie
Fuis ce bruyant salon.
Vaut mieux la mélodie
Des oiseaux du vallon.
    Fuyons, etc.


    Laisse pour la coquête
D inutiles atours ;
Préfère à sa toilette
Le tissu des amours.
Une gaze légère ,
Sous des berceaux fleuris,
Toujours a su mieux plaire
Que l'or et les rubis.
    Fuyons, etc.


Lorsque près de Julie
Le hasard me conduit ,
La prompte Jalousie
Excite ton dépit ;
Mais au réduit champêtre
Qu'amour nous choisira,
Tu verras disparaître

Ce petit chagrin là.
   Fuyons, etc.


Lorsque la politique
Ardente glosera ,
Sous un abri rustique
La paix nous sourira.
Si je parle d'empire,
Elise, mon seul bien,
Ce sera pour te dire
Que j'adore le tien.
   Fuyons, etc.


En fuyant l'opulence
Pour la première fois,
Tu redoutes d'avance
L'exil riant des bois;
Mais l'heure y coule vite
  Sans peine, sans chagrin;
La nuit se précipite
Qu'on se croit au matin.
   Fuyons, etc.


Objet de tant d'ivresse,
Tu combles tous mes vœux ;
Je t'aimerai sans cesse

Et pour fuir de ces lieux ,
Il faudrait , mon amie,
Que, surpris par l'écho,
Le cri de la patrie
Retentit au coteau.
Fuyons, etc.


Fuyons, fuyons la ville
Et ses plaisirs trompeurs;
On est bien plus tranquille,
Loin de la ville,
Au doux pays des fleurs.

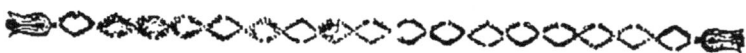

## Je ne l'aime plus.

*air du Destrior.*

Je ne suis plus l'ami de Lise;
Son cœur a su se dégager;
Loin d'avoir peur qu'on le redise,
Je l'apprends à chaque berger.
Par une aimable indifférence
Je sens mes transports abattus

Je trouve un charme dans l'absence ;
Mais j'aime encore sa présence,
Et pourtant je ne l'aime plus.

Lorsque je vais dans le bocage
Savourer le parfum des fleurs,
Je ne songe plus au corsage
Que j'ornais de mille couleurs.
Ma flûte n'est plus amoureuse,
Les airs de Lise sont perdus ;
Mais lorsqu'en un tendre délire
L'oiseau les redit, je soupire,
Et pourtant je ne l'aime plus.

Hier, encor sur la fougère
Je la vis, au déclin du jour,
Près du noisetier solitaire
Où j'avais gravé notre amour.
Mon œil ne suivait pas la belle ;
Mon cœur avait pris le dessus ;
Mais quand Lucas s'approcha d'elle
Des pleurs mouillèrent ma prunelle,
Et pourtant je ne l'aime plus.

# La chaumière.

Air : *Laissez reposes le tonnerro.*

Élevez, mortels orgueilleux,
Des monumens comme vous périssables,
Et narguez la foudre des dieux,
Vous, les faibles jouets des destins implacables
Le temps, qui rit de vos projets,
Doit en passant balayer la chimère.
Sa faux renverse le palais
Comme la modeste chaumière.

Fuyant le faste de sa cour,
Et des flatteurs l'ennuyeuse présence,
Henri consacrait plus d'un jour
A visiter son peuple, à calmer sa souffrance.
Du citadin, du villageois,
Grand sans orgueil, il fut toujours le père.
Michaud vit le meilleur des rois
A table assis dans sa chaumière.

A la danse, sexe léger,
Riche d'atours qu'inventa l'artifice,
Sur tes cheveux fait voltiger

D'un bouquet chargé d'or l'élégance factice.
Une fleurette à l'abandon,
Fixée au sein de naïve bergère,
Me plait mieux quand sur le gazon
Bondit l'enfant de la chaumière.

Plus d'un voyageur curieux,
Qui d'un château contemple la structure,
Jette à peine un œil dédaigneux
Sur le toit enfumé d'une retraite obscure.
Il ignore que des guerriers,
Vieux compagnons du héros qu'on révère,
Y reposent sur des lauriers
Cueillis bien loin de la chaumière.

Lisette, oh! ne le quitte pas
L'humble réduit témoins de ton enfance.
De nos cités pour tes appas
Redoute le prestige et l'impure influence.
On te dit belle; pauvre enfant!
Veux-tu toujours briller vive et légère?
Du hameau reste l'ornement,
N'abandonne pas ta chaumière,

Jamais libre et l'œil soucieux,
Sous des lambris qu'un vain luxe décore,
Plus d'un Crésus, las d'être heureux,

Promène un sombre ennui dont le feu le dévore;
Mais au champ la vive gaité
Vient émousser les traits de sa misère.
Du moins un peu de liberté
Se trouve au sein de la chaumière.

Du nombre des vaillans soldats
Qui des tyrans savent briser les chaînes,
Notre histoire n'excépte pas
L'homme au tein basané qui féconde nos plai-
Le canon gronde avec transport,     ( nes
Il part, il vole; et la voix d'une mère
Pour l'attendrir, l'appelle encor
Qu'il est bien loin de sa chaumière.

## Sapho à Leucade.

*Air de Philoctète.*

« Ingrat Phaon, objet de mes douleurs
(Disait Sapho, les yeux baignés de larmes),
« Eh! quoi, cruel, tu causes mes alarmes
« Quand j'ai pour toi fait parler les neuf-sœurs;
« Ma muse en vain se prête à mon délire,
« Phaon a fui les accens de ma voix,

« Las ! aujourd'hui, pour la dernière fois,
« L'amour trahi met les doigts sur ma lyre.

   « Echos plaintifs des malheureux amans,
« Retentissez jusqu'à mon infidèle ;
« Viens dans ces lieux, ô douce Philomèle,
« Mêler ta voix à mes derniers accens,
« Dieux de l'Olympe, abrégez mon martyre,
« Et vous, Tritons, ouvrez-moi votre sein ;
« Clio, rédis mille fois mon destin,
« Je vais briser les cordes de ma lyre. »

Ainsi chantait la muse de Lesbos,
Triste jouet des charmes d'un perfide,
Et gémissant, cette tendre Aonide
Du roc fatal s'élance vers les flots !!!
Lencade alors fait savoir à l'Epire
L'affreux destin de l'enfant d'Apollon,
Le Pinde en deuil maudit l'ingrat Phaon,
Et de Sapho les Grecs pleurent la lyre.

               Pierre-Michel CHAPLAIN.

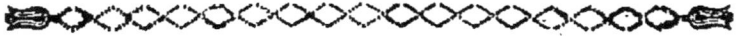

# Une fête au sérail.

*Air connu.*

Mes enfants, dans ce riant bercail
Notre maître aujourd'hui va paraître.
Parez-vous de rubis, de corail;
Esclaves, nous avons grande fête au sérail.

Que mille lustres étincellent,
Que le thé, le moka ruissellent,
Que des myriades de fleurs
Étalent leurs vives couleurs.
A nous les beaux fruits de Lybie,
A nous les parfums d'Arabie;
Et de vos luths harmonieux          [cieux.
Que les sons euchanteurs s'élèvent jusqu'aux

Que chacune se montre aimable,
Notre grand seigneur est bon diable ;
Il veut qu'une douce gaité
Tempère ici la volupté.
Il aime vos allures vives,
Vos danses tant soit peu lascives :
Mesdames, vous joutez ce soir
A qui possédera le fortuné mouchoir.

Montrez-lui vos tailles divines,
Vos jolis pieds, vos jambes fines ;
Vos bras, vos mains, et cætera,
Le reste il le devinera.
Du sultan, si le cœur se blase,
De vos seins écartez la gaze :
Pour raverdir ses soixante ans ,
Sa hautesse a besoin de quelques stimulans.

Surtout devant sa Seigneurie
Ne parlez pas trop, je vous prie,
Quoique je n'ose pas vraiment
Vous en priver absolument.
Le Prophète fit sans obstacles
De grands, de merveilleux miracles ;
Le seul qui le vit reculer
Fut celui d'empêcher la femme de parler.

Qu'elle soit rouge, blonde ou brune,
Parmi vous il n'en choisit qu'une ;
On n'est pas de fer.... mais, morbleu !
Une sur trois cent, c'est trop peu.
Malgré ma démarche caduque,
Je voudrais pouvoir, foi d'eunuque,
Reparer cet affront cruel ;          [ tiel.
Mais il me manque, hélas ! un meuble essen-

Par Mohomet, que l'on s'amuse :
Ici, je n'admets point d'excuse,
Je ne veux que fronts réjouis
Et visages épanouis.
J'ose espérer, mesdemoiselles,
Qu'à mes volontés paternelles,
Chacune de vous souscrira,
Ou je fais empaler celle qui s'ennuira.

Ch. COLMANCE.

## Chanson bachique.

Air : *Amis du vin, jeunnes fillettes.*

Amis joyeux de la bouteille,
De la franchise et de Momus,
Sayourons la liqueur vermeille
Sous les étendards de Bacchus.

Dieux, quelle ivresse!
Plus de tristesse,
Pomone a garni les caveaux ;
Livrons bataille
A la futaille
Jusqu'au retour des vins nouveaux.
Amis joyeux, etc.

Jeune Bacchante
Dont l'œil m'enchante,
Verse moi la douce liqueur;
Ton sexe aimable,
Le vin, la table
Ont toujours captivé mon cœur.
Amis joyeux, etc.

Quand je sommeille
Sous une treille
Je me crois un nouveau Jupin;
Lançant la foudre
Je mets en poudre
Le peuple ennemi du raisin..(Le Mahométan).
Amis joyeux, etc.

Si Ganymède
Un jour me cède
Son poste d'échanson divin,
Dans l'Empirée,
Sous sa livrée,
Je veux entonner ce refrain :
Amis joyeux, etc.

Le Dieu de l'Inde
A sur le Pinde
Fait monter Piron et Panard ;

Vous, gaîs Trouvères,
Videz vos verres,
L'Hypocrène est dans le nectar.
Amis joyeux, etc.

Fils de Grégoire,
Songeons à boire,
Le vin ranime la gaîté :
Momus l'ordonne,
Perçons la tonne
Où gîte notre déïté.
Amis joyeux, etc.

Coulez, Madère,
Volnay, Tonnère,
Et nous francs buveurs soyons ronds,
Que les ivrognes
Voyant nos trognes,
De pampres verts ornent nos fronts.
Amis joyeux de la bouteille,
De la franchise et de Momus
Savourons la liqueur vermeille
Sous les étendards de Bacchus.

Pierre-Michel CHAPELAIN.

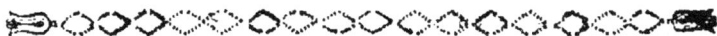

## La bannière

*Air connu.*

Sur mon pays, sur ma belle patrie,
J'ai vu briller un soleil radieux,
Quand par les rois elle était asservie
De ses rayons il colorait les cieux ;
Il semblait dire en dardant sa lumière,
Marchez, enfans avec célérité
Sur la Bastille, et que votre bannière
Y soit placée au cri de liberté.

O mon pays, une trop vieille caste
De l'étranger a mandié l'appui,
Quatorze années ont dans la pleine vaste
Foulé ton sol à l'ombre de la nuit.
D'un noble élan, bientôt à la frontière,
Debout, le peuple y vol avec gaîté ;
Se ralliant sous la sainte bannière,
Ils sauront vaincre au cri de liberté.

Sous l'étaedard de notre république
On vit jadis nos généraux vainqueurs,
Brisant les fers du peuple germanique

Fraterniser et captiver leurs cœurs,
Que peuple à peuple on ne voie plus de guerre,
Et qu'aux Rois seuls le gant en soit jeté.
Se ralliant sous la sainte bannière
Dont nous dota l'antique liberté.

O liberté, ton Code humanitaire
Au monde entier fit connaître ses droits.
L'ambition de sang rougit la terre,
Te reniant pour le sceptre des Rois ;
A genoux donc, et puis fais ta prière,
Enfant félon, pour toi plus d'équité.
Ne souille plus notre sainte bannière,
Fais un linceul à l'humble liberté.

De nos trois jours, jours d'immortelle gloire,
Que reste-t-il ? Un sol ensanglanté ;
Que reste-t-il des fruits de la victoire?
Le souvenir de l'immortalité.
Adieu, beaux jours qu'on nous promit naguer-
Jours de bonheur et de félicité,          (re,
En combattant sous la sainte bannière
Que de martyrs morts pour la liberté.

Tremblez, despotes, le prgrès se propage,
Oui, je vois poindre un avenir nouveau,
A l'horizon le soleil, sur la plage,

Brille et reflète au somet du coteau.

Je vois bientôt vos sceptres en poussière,

Chacun de vous doit fuir épouvanté

Si des trois jours reparaît la bannière

Le peuple est roi, roi par la liberté.

ROUSSET.

## Couplet.

Air : *de Cendrillon*.

Grâces, souplesse, enjouement

Et finesse délicate

Forment maint rapprochement

Entre la femme (bis) et la chatte,

Chacun en calinant flatte

Jeune amant, jeune souris.

Un coup d'œil, un coup de patte,

Crac ! tous deux sont pris.

## Ma république.

Air : *du charlatanisme.*

Sur le choix d'un gouvernement
Chacun à l'envi déraisonne ;
L'un veut, frappé d'aveuglement,
Soutenir l'autel et le trône :
Cet autre, qu'un rêve a séduit,
Veut un état démocratique,
Bonnet rouge et.... ce qui s'ensuit....
Pour moi, qui n'aime pas le bruit,
Voilà quelle est ma république.

Fuyant l'air empesté des cours,
dans une tranquille retraite
Je coule d'agréables jours
Loin du monde et de l'étiquette,
Quand on verse le sang français,
Lorsque une horde famélique
Croit s'illustrer par des forfaits,
Je jouis du bien que je fais ;
Voilà, etc.

Entourés de frères chéris,
Sablant et Bourgogne et Champagne,

Excité par les jeux, les ris,
Je fais des châteaux en Espagne ;
L'amitié préside au repas,
Parmi nous, point de politique,
Point de flatteurs, point de Judas....
Franche gaîté, mets délicats,
Voilà, etc.

De temps en temps, l'enfant ailé
Vient visiter mon ermitage ;
Alors, en disciple zélé
A la beauté je rends hommage :
Ni le velours, ni le satin
Ne m'inspirent désir cynique,
C'est le simple tissu de lin
Qui sait embellir mon destin.
Voilà, etc.

La république, mes amis,
C'est le rêve de l'honnête homme ;
Chacun de nous serait admis
A créer ce brillant fantôme.
Ce n'est qu'une déception
Dont se rit l'hydre vampirique,
Repoussant cette illusion,
Je prends pour devise : *union*!
Voilà quelle est ma république.

## Ma sagesse.

Air : *Ronde des moissonneurs.*

Allons, une indolante fée
A-t-elle à nos sens refroidis
Versé les pavots de Morphée?
Resterons-nous donc engoudis?
A Momus c'est trop faire injure,
Debout, debout fils d'Épicure.   (Bis.)
Saisissons bien chaque plaisir
  Qui vient s'offrir,
Nous aurons au moins pour vieillir
  Un souvenir.

Blâmant le sage qui s'obstine
A vouloir dompter ses désirs,
Est-ce un tort de fuir sa doctrine?
La réponse est dans nos plaisirs.
Ah! dans le sein de la sagesse
A-t-il jamais puisé l'ivresse? (Bis.)
Saisissons bien, etc.

Assis au banquet de la vie,
Dans les petits vins qu'on nous sert

Nous puisons un grain de folie
Qui gaîment nous mène au dessert,
Et quand la table est desservie
Notre âme s'exhale ravie. (Bis.)
Saisissons bien, etc.

Rions, chantons, l'ardent délire
Est le vrai bonheur des élus ;
Vieux, on doit à peine sourire,
Vieux, hélas! on ne chante plus ;
Mais à nous, qui rions encore,
Des chants, de gais chants dès l'aurore.
Saisissons bien, etc.

Des amours la blonde cohorte
Peut venir pour nous assiéger,
Loin de lui défendre la porte
Sous ses lois courons nous ranger;
Sous les doux baisers d'une femme
Laissons s'épanouir notre âme. (Bis.)
Saisissons bien, etc.

Quand tout à jouir nous invite,
Profitons, le chemin est court.
Oh! le temps s'échappe si vite,
Voyez-le, voyez comme il court!

Et notre jeunesse si belle,
Il va l'emporter sur son aile. (Bis.)

Saisissons bien chaque plaisir
Qui vient s'offrir,
Nous aurons au moins pour vieillir
Un souvenir.

J. Laudragin.

## Le petit démon.

Air : *Quel cochon d'enfant.*

Vous n'savez pas, ma voisine,
C' qui caus' mon chagrin,
Et qui chaqu' jour me lutine
Du soir au matin?
Et bien, c'est ma fille Estelle,
vot' gredin d'garçon
N'est que d'la Saint-Jean près d'elle,
C'est un p'tit démon. (Bis.)

Pourquoi, dit-elle à sa mère
D'un p'tit air en d'sous,
Qu'mon frère et ma sœur dernièrc
Sont v'nus sous des choux?

D'la serrurièr' mam' l'Enclume,
  L'joli p'tit garçon
N'est pas v'nu sous un légume.

Parfois ell' lit pour s'instruire,
  Et j'n'y trouv' pas d'mal,
Mais je l'ai surprise à lire
  L'Amour Conjugal;
Croirez-vous, malgré mes r'proches,
  Qu'des œuvr's de Piron,
J'trouv' des gravur's dans ses poches,
  Quel p'tit démon.

Lorsque sà mèr' couroussée
  La m'nace du couvent,
Ell'dit, la p'tite effronté:
  Crois-tu donc bonn' ment
Qu'à Dieu j'vais faire sacrifice
  D'mon cœur et d'mon nom,
Tu m'prends donc pour un'novice?
  Quel p'tit démon.

A sa cousin' Rigolette,
  Dont l'ventre est él'vé,
Ell' dit: le jour de ta fête,
  Le m'lon qu' t'as mangé
T'engraiss', car chaque fois qu' tu rentre

Je vois qu' pour tout d'bon,
Que les pépins t'poussent dans l'ventre?
    Quel p'tit démon.

Vous connaissez mam'sell' Rose,
    La fille à Lafleur,
C'matin, parlant d'certain' chose
    Qui r'gard' son sapeur,
Èll' nous vantait sa moustache;
    V'la qu' la p'tit' répond :
Moi j'y en ai vu d'autr's qu'il cache,
    Quel p'tit démon.

L'autr' jour, à la cri' musette,
    N'sachant où s'cacher,
Dans notr' cour v'là qu'elle arrête
    L'garçon boulanger.
Des autr's pour n'êtr' pas la dupe,
    Ell' s'élanc' d'un bond,
Et va s'cacher sous sa jupe,
    Quel p'tit démon.

L'dimanch', quand l'temps est suberbe,
    J'allons nous prom'ner;
Hier, nous étions sur l'herbe
    Afin d'nous reposer,
J'lai vu derrièr' deux p'tites buttes

Et l'p'tit Simon ,
Fair' aut' chos' que des culbuttes,
Quel p'tit démon.

CHARLES BREBANT.

∞∞∞∞∞∞∞∞∞∞∞∞∞∞∞∞

## Les résultats.

### Air connu.

Souvent après bien des combats,
La vertu la plus exemplaire,
Près d'un mari qui ne peut plaire,
Sans le vonloir fait un faux pas.
Aussi dans cette aimable lutte,
Comme l'a dit un auteur chéri,
C'est la femme qui fait la chute
Et la bosse reste au mari.

## La médaille d'or.

Chanson-parodie à propos d'un grandissime
concours.

*Air de l'épaulette d'or.*

Prêt à partir pour la goguette,
  Au grrrrrand concours des *Templiers*,
Noël, ravi, dit à sa Fanchonnette :
Je cours ce soir à de nouveaux lauriers.
Ce ne sont plus des volumes, ma chère,
Qu'on nous promet, non, c'est presqu'un
    Va, je t'apporterai j'espère    [trésor.
  Une belle médaille d'or !

  A Montmartre, à la Chopinette,
  Et même souvent dans Paris,
Mainte chanson que l'on trouva drôlette,
Fut couronnée et me valut le prix.
Bien qu'aujourd'hui mon œuvre soit sévère,
Dans ce concours je dois primer encor ;
    Et voir pendre à ma boutonnière
  La superbe médaille d'or.

  Il part, il file comme une ombre,
  Puis arrive tout essouflé ;

Les concurrens étaient en petit nombre,
Noël rayonne et d'espoir est gonflé,
Mais il écoute et la foule s'agite...
Trois fois résonne une voix de Stentor :

(PARLÉ.) Au nom du jury, examen fait des
chansons envoyées à ce concours, la meilleure
ne valant rien ;

Au nom du jury, le dit concours est in-
définiment ajourné ;

Au nom du jury, et en conséquence de la
déclaration présentement faite, la médaille
d'or ne pouvant être décernée, restera entre
les mains de qui de droit.

Pauvre Noël ! son cœur palpite,
Pour lui pas de médaille d'or !

Pâle et tremblant, lors il s'écrie :
C'en est trop, on nous a bafoués !
Dans cette absurde et sotte comédie,
C'est nous acteurs, nous qui sommes joués !
Presqu'en syncope il tombe et roule à terre,
Mais à la vie on le rappelle encor ;
Et Noël r'ouvrant la paupière,
Cherche en vain la médaille d'or.

C'est attristant ! dit-il ensuite :
J'avais pourtant fait de mon mieux.
C'est attristant ! par son rare mérite
Mon œuvre eût fait un bruit prodigieux.
Devant Fanchon je n'ose reparaître
Sans un jeton, au moins en similor....
   C'est, répète aussi le grand maître,
   *Attristant a médaille d'or !*

Dalès frères.

## Vive le vin.

Air : *A coups de pieds, à coups de poings.*

Joyeux amis de la chanson,
Répétons tous à l'unisson :
Parmi nous jamais d'étiquette,
De gais chants au bruit des glouglous
Sont le sage oremus des fous.
    Ah ! vive le vin
    Qu'on nomme divin,
Seul il peut nous mettre en goguette.

Que nos voix redisent en cœur :
Boire c'est toujours du bonheur,
Soit nectar, soit même piquette,

Rendons hommage de grand cœur
A leur auguste créateur.

 Ah ! vive le vin
  Qu'on nomme divin,
Seul il peut nous mettre en goguette.

Vous n'avez pas, fiers potentats,
Comme Bacchus, en vos états
Pour trône une pleine feuillette ;
La couronne qui ceint son front
Est due aux soins du vigneron.

 Ah, vive le vin
  Qu'on nomme divin,
Seul il peut nous mettre en goguette.

Voulons-nous faire un doigt de cour ?
A la femme tout notre amour
Quand elle est olie et follette ;
Mais sans le secours de Bacchus,
Au diable le fils de Vénus.

 Ah, vive le vin
  Qu'on nomme divin,
Seul il peut nous mettre en goguette.

Flatteurs qui briguez les emplois,
Rampez sous la table des rois,
Formez vos reins à la courbette ;
Si mon front se courbe en ce lieu,

C'est pour rendre un salut au dieu
Qui créa le vin
Qu'on nomme divin,
Seul il peut nous mettre en goguette.

Fi des drogues, du médecin ;
Le vin est un remède sain :
Bacchus trouva donc la recette.
Bien moins méchant que leur poison,
Il ne trouble que la raison.
Ah, vive le vin
Qu'on nomme divin,
Seul il peut nous mettre en goguette

Fatigué du métier d'auteur,
Je suis bien votre serviteur
Avant de revoir ma couchette;
Je veux en effronté vaurien
Répéter encor mon refrain :
Ah ! vive le vin
Qu'on nomme divin,
Seul il peut nous mettre en goguette.

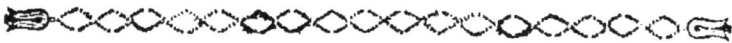

## Comment contenter tout le Monde.

*Air connu.*

Drapant longs vêtemens de deuil,
Préférant drame à douce orgie,
Sur l'hôpital, sur un cercueil,
Composerai-je une élégie?
Ou bien, le scalpel à la main,
Sonderai-je la lèpre immonde
Qui dévore le genre humain?
J'entends chuchoter : A demain...
— Comment contenter tout le monde?

Loin d'imiter dans ses écarts
Piron, de cynique mémoire,
De Jean les contes égrillards
Vont nous faire rire après boire.
Aborderai-je en mon second
L'anneau d'Hans-Carvell ou Joconde?
Je crains... un rouge pudibond
Couvrirait plus d'un joli front...
— Comment contenter tout le monde?

Ferai-je, en galant troubadour,
Vaillant preux de la Table ronde,

Rompre une lance pour l'Amour,
Chanter les yeux de Rosemonde ?
Roland, Karl, Ogier le Danois,
Ma chevaleresque faconde
Raconterait bien vos exploits;
Heureux trouvera-t-on mon choix?.....
— Comment contenter tout le monde?

Suivrai-je ce volage époux
Aux pieds d'une tendre Sophie,
Donnant, loin d'un regard jaloux,
Des leçons de géographie?
Mes doigts, guidés par les amours,
Sur une blanche mappemonde
Du globe indiquant les contours.....
Mais hymen se fâche toujours !
— Comment contenter tout le monde?

Des grands devient-on le jouet,
Du siècle voici l'avantage :
On peut du satirique fouet
Cingler plus d'un haut personnage.
Allons, Muse, broche un couplet
Mordant comme au temps de la fronde.
Chut !... Si pour un benin sujet
Tintait l'oreille du préfet....
— Comment contenter tout le monde?

Tirerai-je encor un tiroir
Ainsi qu'une coquette muse?
Non, je viens de m'apercevoir
Que mon Pégase est une buse.
L'éperonner serait vraiment
Tomber dans une erreur profonde ;
Mon auditoire en ce moment
Dissimule un long bâillement....
— Comment contenter tout le monde ?

AD. SIGNY.

# Retire-toi de mon soleil !

*Air connu.*

Près du portique, aux murs dorés d'Athène,
S'arrête un jour le Macédonien ;
Frappant la tonne où dormait Diogène,
Au philosophe il dit : « Ne veux-tu rien ?..
Mais le cynique, étalant sa misère,
Répond : « Merci ; lorsque vient mon réveil
« Je suis content. Veux-tu me satisfaire ?
    « Retire-toi de mon soleil ! »

Pécheur contrit dans la ville éternelle,
Sur le parvis, je baisse un front confus ;
Car le Sauveur, qui vers lui me rappelle,
M'offre son corps sous un pain qui n'est plus.
Le canon tonne, on déploie dans Rome
Pour le mystère un pompeux appareil ;
Je cherche Dieu, je ne trouve qu'un homme :
    Retire-toi de mon soleil !

Mon œil ravi contemplait sur la treille
La belle grappe espoir du franc buveur,
Lorsqu'un bruit sourd a frappé mon oreille,
De l'ouragan trop certain précurseur.

Au tourbillon qui menace ma tête,
Et va flétrir tout ce raisin vermeil,
Je dis : « Au loin va porter la tempête;
  « Retire-toi de mon soleil ! »

Laïs, en vain pour fixer ma tendresse,
Tu me fais voir de célestes appas ;
Le temps n'est plus où divine caresse
Vers ton boudoir faisait tourner mes pas.
Vois cette femme inquiète et jalouse,
De son enfant protégeant le sommeil ;
Elle m'attend !... c'est ma timide épouse :
  Retire-toi de mon soleil !

Peuple soumis, la loi seule est ton guide ;
Pour toi la Charte est un sacré contrat ;
Toujours heureux tant qu'une main perfide
Ne ternit pas son immortel éclat !
Si le tocsin, ce signal des alarmes,
A la discorde allait donner l'éveil,
Avec raison dis, en prenant tes armes,
  Retire-toi de mon soleil !

Si, m'avançant d'un pas trop téméraire,
Si, pénétrant dans le sacré vallon,
D'un pur rayon j'ai reçu la lumière,
Je te le dois, confrère en Apollon.
Lorsqu'au concours mon œuvre va paraître.

A Béranger je demande un conseil,
Pour que sur moi tombe un regard du maître,
Retire-toi de mon soleil !

SIGUY.

## Douce erreur !

ROMANCE.

Air : *Je veux t'aimer sans te le dire.*

Toi, que nomme toujours mon âme,
Ange à la voix, aux traits de femme,
Comprends enfin, comprends mes vœux ;
Ces vœux que je n'ose te dire,
Mes yeux sauraient bien t'en instruire,
Si tu daignais lire en mes yeux.
En jets de feu ces mots : je t'aime,
A chaque instant y sont écrits,
Pourtant de mon amour extrême
J'attends encor, j'attends le prix.
Lorsque tout bas j'ai l'espérance
De te fléchir par ma constance ;
     Laisse à mon cœur
     Sa douce erreur !

Si j'ai, dans un jour de délire,
Et de mes sens perdant l'empire,

Pu t'offenser, pardonne-moi ;
J'avais cru, dans ma folle ivresse,
Te voir sourire à ma tendresse,
Et m'engager ainsi ta foi.
L'aveu de mon ardeur secrète
Te parut un sanglant affront,
Et mon espoir en ta défaite
De pudeur fit rougir ton front.
Pourtant tout bas j'ai l'espérance
De te fléchir par ma constance,
   Laisse à mon cœur
   Sa douce erreur !

Quand mon regard brûlant t'engage
A profiter de ton bel âge,
Pourquoi cet air froid, décevant ?
Le temps emporte notre vie,
C'est la feuille sèche et flétrie,
Qui tourbillonne au gré du vent ;
Te montrer plus longtemps cruelle,
T'exposerait à des regrets,
Pour aimer le ciel te fit belle,
Et te para de tant d'attraits.
Ah ! quand tout bas j'ai l'espérance
De te fléchir par ma constance,
   Laisse à mon cœur
   Sa douce erreur.    Dales aîné.

<<<<<<<<<<<<<<<<<<<<<<<<<<<<>>>>>>>>>>>>>>>>>>>>>>>

# Le jeune confesseur.

ROMANCE.

## MUSIQUE D'ALPH. FRAY.

Depuis le jour où tremblante et timide
  Elle parut à mon saint tribunal,
Et me livra, pénitente candide,
  Tous les secrets de son cœur virginal,
    Je chasse en vain de ma pensée
    Son trop dangereux souvenir ;
    Dieu qui vois ma flamme insensée,
    Éteins-la sous le repentir !

En rougissant elle me fit connaître
  A quels combats la livraient ses désirs ;
Et moi, profane et sacrilège prêtre,
  A ses soupirs je mêlai mes soupirs ;
    Mon front d'une sueur glacée
    A ses aveux vint se couvrir ;
    Dieu, qui vois ma flamme insensée,
    Éteins-la sous le repentir !

Au sein des nuits une fatale image
  Vient me troubler jsque dans mon sommeil,
Des passions en soulevant l'orage,
  Mes sens émus provoquent mon réveil ;

Alors, sur ma couche froissée,
On m'entend pleurer et gémir ;
Dieu, qui vois ma flamme insensée,
Éteins-la sous le repentir !

D'un fol amour, et qui fait mon supplice
Ne saurais-tu, Seigneur, me délivrer ?
Prière, jeune et veilles et cilice,
Permettras-tu qu'il vienne tout braver ?
Ta croix, que je tiens embrassée,
Est impuissante à me guérir ;
Dieu, qui vois ma flamme insensée,
Éteins-la sous le repentir !

Dales ainé.

## L'infortuné garçon boulanger.

### COMPLAINTE.

*Air du bailleur éternel de Désaugiers,*
*ou : Ah, ah, ah, qu'est-ce qu'aurait dit ça*

Hein, hein, hein, hein, hein, hein, hein, hein,
Quel profond chagrin,
Comme un *levain* tomb' sur mon âme,
Hein, hein, hein, hein, hein, hein, hein, hein,
Depuis qu'une femme
A mis mon cœur dans le *pétrin*.

C'est une petite espiègle
Qui se rit de mon tourment :
Je l'aim' comm' du *pur froment*,
A m'déteste comm' lu *pain d'seigle.*
Hein, hein, etc.

De la posséder j'ai hâte ;
Je lui dis à deux genoux :
Prenez-moi pour vot' époux,
Car je suis d'un' *bonne pâte.*
Hein, hein, etc.

C'est en vain, mam'zell' Thérèse
Se rit d'un pauvre garçon :
Elle est froid' comm' un glaçon ,
Quand je suis cl 'id comm' *ma braise.*
Hein , hein , etc.

Ell' ne veut jamais m'entendre
Quand j' lui parl' de mes amours,
Et comm' du *pain de huit jours*
Ell' trait' ma passion si *tendre.*
Hein, hein, etc.

Ell' me dit toutes les minutes
Que pour ell' j' suis trop *rassis*,
Et que la natur' m'a mis

Au lieu de jambes, des *flûtes*.
Hein, hein.

Ma Thérèse, ma mignonne,
Deviens ma blonde Cérès;
En *fleur de farine*, exprès,
Je vais t' *pétrir une couronne*.
Hein, hein.

Mais son cœur est dur comm' cuivre,
Rien ne saurait l'amollir :
Ses deux beaux yeux m' font mourir,
Quand mes deux mains la font vivre.
Hein, hien, etc.

J'perds la tête à la journée,
Tout, chez moi, va de mal en pis :
Pour pain blanc, j' livr' du pain bis,
Où je brûl' toute une fournée.
Hein, hein, etc.

Mam'sell', vous n'êt's pas polie,
Vous, que j' croyais un mouton :
Vous m'appelez vieux crouton,
Quand je vous nomme ma mie.
Hein, hein, etc.

Dieu de Dieu, qu' j' suis à plaindre,
C'est à perdre l' goût du pain.
Puisqu'il m' faut guérir enfin,
Dès à présent j' m' fais geindre.

Hein, hein, hein, hein, hein, hein, hein, hein,
Quel profond chagrin,
Comme un levain tombe sur mon âme,
Hein, hein, hein, hein, hein, hein, hein, hein,
Depuis qu'une femme
A mis mon cœur dans le pétrin.

Justin CABASSOL.

L'ange déchu.

À UNE INFIDÈLE.

Air de Doche (*de l'hôtel Rambouillet*).

Tu l'as voulu, j'ai délaissé ma lyre,
Que soutenaient tes accens enchanteurs;
Un autre amant excitant ton délire
A su fixer tes volages faveurs.
De te chanter si ma muse était fière,
Elle rougit devant un tel affront:
Ange déchu, rentre dans la poussière,
Le diadème est tombé de ton front,

Il t'en souvient, ton regard si modeste
T'a fait souvent nommer ange des cieux;
Mais n'écoutant qu'un caprice funeste,
Tu préféras t'avilir à mes yeux.
Gestes lascifs des enfans de la terre
Ont remplacé ton maintien pudibond.
Ange déchu, rentre dans la poussière,
Le diadème est tombé de ton front.

Malgré mes pleurs une morgue insultante
Foulait aux pieds amour et souvenir;
Sourd à ma voix plaintive et suppliante,
Tu t'éloignas pour ne plus revenir.
Ton ris moqueur étouffa ma prière :
Ainsi l'orage un doux chant interrompt,
Ange déchu, rentre dans la poussière,
Le diadème est tombé de ton front.

Rêves dorés dont tu berçais ma vie,
Bonheur d'un jour pris sur l'éternité,
Se sont enfuis de mon âme ravie
Quand je connus ton infidélité.
Imite l'astre à la vive lumière
Qui disparait dans l'Océan profond :
Ange déchu, rentre dans la poussière,
Le diadème est tombé de ton front.

Adolphe Siguy.

## Le captif.

*Air des vents fallots.*

Lorsque de ma sombre cellule
J'entends vos amoureux ébats
Saluer le doux crépuscule
Dont le captif ne jouit pas,
A votre voix la sentinelle
Suspend ses pas égaux et lourds,
En voltigeant près la tourelle,
Charmans oiseaux, chantez toujours.

Glissez dans mon âme flétrie
L'espoir qui préside à vos chants,
Vous, qui tenez à la patrie
Malgré le souffle des autans.
Je vous préfère à l'hirondelle
Qui s'exile avez les beaux jours ;
En voltigeant près la tourelle,
Charmans oiseaux, chantez toujours.

Pour faire trève à mes alarmes
Le ciel semble vous conseiller,
Et mon cœur cédant à vos charmes,
Quelques instans peut oublier

Que contre les maux qu'il recèle,
Il n'a que vos faibles secours.
En voltigeant près la tourelle,
Charmans oiseaux, chantez toujours.

Mais si la nuit, dans ma pensée,
Se succèdent des rèves d'or ;
Si l'ombre de ma fiancée
M'apparaît, je vous vois encor.
Joyeux, empressés autour d'elle,
Ainsi qu'un tendre essaim d'amour,
En voltigeant près la tourelle,
Charmans oiseaux, chantez toujours.

Libres, sur vos ailes légères,
Portez mes vœux et mon désir
Vers le toit chéri de mes pères,
Mais hâtez-vous de revenir.
Sans vous pour moi, douleur mortelle,
Que peuvent ces murs froids et sourds ?
En voltigeant près la tourelle,
Charmans oiseaux chantez toujours.

Le secret instinct qui me presse
Me dit qu'un jour avec bonheur,
Epris d'une nouvelle ivresse,
Vous m'annoncerez un sauveur.

Ange qui de sa puissante aile
Aura terrassé les vautours.
En voltigeant près la tourelle ,
Charmans oiseaux , chantez toujours.

## Erreur et repentir.

Air : *Près de la beauté que j'adore.*

De tout ce qui vit dans l'espace,
Qui doit m'annoncer ton retour ?
Douce paix ! j'ai perdu ta trace
Par une faiblesse d'un jour.
Echo, dis-le moi, sur la terre
Dois-je oser y rêver tout bas ?
Tu restes sourd à ma prière.....
La paix que j'attends ne vient pas !

Fatigué de la solitude,
Courbé dès l'été de mes ans,
Secouant mon inquiétude,
Je reparais chez les vivans ;
Mais sur mes lèvres le sourire
Expire au seul bruit de mes pas...
Suis-je réduit à toujours dire :
La paix que j'attends ne vient pas ?

L'astre aux rayons dorés s'élève,
L'oiseau célèbre un nouveau jour,
Et, comme en un magique rêve,
La terre se pare à son tour.
Cessez, cessez, chants d'allégresse ;
Fanez-vous, roses et lilas :
J'entends et je vois sans ivresse...
La paix que j'attends ne vient pas !


Votre joie, enfans, me ranime :
Vous l'avez vue assurément,
Arrachée aux flots de l'abîme,
Et me la ramenez gaîment.
Merci, vous que sa voix amuse ;
Merci, mais vous passez... hélas !
L'erreur me poursuit et m'abuse :
La paix que j'attends ne vient pas.


Sur l'amour mon bonheur se fonde,
Si tu m'offres ton doux appui,
Femme, que Dieu mit dans ce monde
Pour être adorée après lui.
Sous tes baisers mon front morose
Reste encor glacé dans tes bras...
Oh, j'en connais l'affreuse cause :
La paix que j'attends ne vient pas !

Pourtant à mon âme souffrante,
Ainsi qu'un ange, quelquefois,
L'amitié tendre et consolante
Fait entendre sa douce voix;
Alors l'espoir qui me caresse
Apparaît et s'éteint... là-bas,
Sans même adoucir ma tristesse.
La paix que j'attends ne vient pas.

Dans mon sein le feu qui s'agite
M'apprend que chez le faible humain
Le calme aujourd'hui qui le quitte
N'y revient pas le lendemain;
Qu'un cœur que le remords déchire
Est un roi qui n'a plus d'états;
C'est un poète sans sa lyre.
La paix qu'il attend ne vient pas.

ERNEST RICHARD.

## Sur la tombe d'un ami.

Air ; *et reprenez vos pipeaux vos hautbois.*

Comme la fleur se fane au vent qui passe,
Nous t'avons vu trop vite te flétrir;
Comme l'éclair qui paraît et s'efface,

Nous t'avons vu t'élever et périr.
Oh ! ne crains pas que ta modeste tombe
Aide à frapper d'oubli tes nourrissons,
Son œuvre naît quand le poète tombe,
Nos faibles voix rediront tes chansons. .

D'un trait hardi ton pinceau nous déroule
Tous les travaux immortels du guerrier ;
Puis les ébats de la joyeuse foule
Entrelaçant la vigne et le laurier.
Dans ces travaux de gloire et de folie
Mars et Bacchus tiennent lieu d'échansons,
Et tout chagrin disparaît dans la lie.
Guerriers, buveurs rediront tes chansons.

Combien de fois de la vive jeunesse
Carressas-tu les inconstans désirs !
Combien de fois, entraîné par l'ivresse,
Lui traças-tu la route des plaisirs
En lui disant : « Quand le temps des vandanges
Vient succéder à celui des moissons,
Aimez, dansez sous l'ormeau, dans les granges!
Amans heureux rediront tes chansons.

Ivre un instant d'amour et d'espérance,
On t'entendit, par des vers exaltés,
Chanter l'hymen ; pourtant dans le silence

Tu maudissais ses rêves enchantés ;
Car ce bonheur où tu voulais atteindre
A tes efforts opposa des glaçons,
Ton cœur brûlant les fondait pour s'éteindre.
Amans trompés rediront tes chansons.

Quand tu pleurais sur l'humble mausolée
Qui de Mercœur révèle le destin ,
Las ! sans pitié, dans la triste vallée,
Déjà la mort planait sur ton chemin,
Et sous tes doigs ta lyre dans nos fêtes
Ne rendait plus que de lugubres sons.
Pour honorer la douleur des poètes,
Nos voix en cœur rediront tes chansons.

Nos petits fils dans leur pélerinage ,
Analysant la cendre du passé,
Voudront trouver les élus de chaque âge
Sous les débris d'un vieux monde effacé.
Aux monts où l'aigle aura posé son aile
Ils te verront au milieu des aiglons
Le front paré d'une simple immortelle.
Leurs voix alors rediront tes chansons.

## Adieu.

Air : *Genets qui parfumez mes rêves.*

Amis, j'ai bu jusqu'à la lie
Le calice amer des douleurs,
Et brisé l'anneau qui me lie
Au monde inondé de mes pleurs.
Sur la scène de son théâtre,
Las ! trop peu d'acteurs sont élus!...
Je m'exile au coin de mon âtre ;
Amis, adieu ! je ne chanterai plus.

Au temps heureux où l'espérance
File nos jours de soie et d'or,
Où le soir, plein de confiance,
L'insouciance nous endort,
Enfant, pouvais-je à chaque aurore,
Voir ces fils si brillans rompus?
Ils en trompent d'autres encore.
Amis, adieu ! je ne chanterai plus.

Plus tard, l'ardente poésie
Plaçait un luth entre mes mains ;
Je dotai ma mère et Délie
De ses premiers sons enfantins.

L'une n'est plus, l'autre m'abuse ;
Après ces deux amours perdus,
Que n'ai-je fait taire ma muse?
Amis, adieu ! je ne chanterai plus.

Inspiré par de nobles rêves,
J'osai peindre la liberté,
Brillante, allumant sur nos grèves
Les phares de la vérité ;
Mais, feux folets sans consistance,
Eteints par le vent des abus,
Mes chants étaient de la démence :
Amis, adieu ! je ne chanterai plus.

Du feu que recèle une lyre,
Heureux qui peut se garantir;
Malheur au poète en délire
Trop faible pour l'entretenir !
Mes doigts, en nourrissant la flamme
Qui tient ses mille accords tendus,
N'eurent d'écho que dans mon âme...
Amis, adieu ! je ne chanterai plus.

Des fleurs que nous offre la terre
Je n'ai cueilli que les soucis ;
Des moissons dont elle est si fière,
A peine eus-je quelques épis.

Je ne vois plus de ses richesses
Que cyprès, saules chevelus.
Un cœur en deuil n'a pas d'ivresse :
Amis, adieu, je ne chanterai plus.

D'ailleurs, ma voix devient tremblante ;
Les désirs ont fui loin de moi,
Et le passé, qui m'épouvante,
Pour l'avenir détruit ma foi.
Puis mon front, glacé par le givre,
Rendrait mes efforts superflus.
J'ai trop longtemps vécu sans vivre !...
Amis, adieu, je ne chanterai plus.

ERNEST RICHARD.

## La clochette du cabaret.

Air : *de Notre-Dame de Mont-Carmel.*

Quel bruit joyeux frappe mon oreille !
Tout bon vivant l'a reconnu :
Chers amis, courons sous la treille,
Du plaisir l'instant est venu.
Pour rire ensemble à la buvette
Recrutons nos aimables fous ;
Car c'est le bruit de là clochette
Qui nous appelle au rendez-vous.

De ces lieux où naquit l'ivresse
Nous connaissons seuls le chemin,
C'est le temple de la tristesse
Pour l'ennemi du genre humain.
Voyez, loin de notre retraite,
S'enfuir les enfans, les jaloux :
Sonnez fort, sonnez la clochette;
Ils ne sont pas du rendez-vous.

Sachons profiter de la vie,
Car bientôt nous serons grisons ;
Momus en ce lieu nous convie,
Donnons l'essor à nos chansons.
Mais là bas, j'aperçois Lisette,

A l'air frippon, aux yeux si doux ;
Sonnez fort, sonnez la clochette
Pour qu'elle vienne au rendez-vous.

Sur le grabat de l'indigence
Que décore un noble laurier,
Voyez-vous rêver, en silence,
Ce brave et malheureux guerrier ?
De tous les beaux jours qu'il regrette
La gloire a rejailli sur nous ;
Sonnez fort, sonnez la clochette,
Il doit être du rendez-vous.

Nous avons réuni, j'espère,
L'amour, la gloire et la gaîté ;
Attendons l'avenir prospère
Que nous promet la liberté.
Pour égayer notre musette,
Au bruit des flonflons, des glouglous,
Laissez reposer la clochette,
Car nous sommes au rendez-vous.

MOLISSET.

## Versez toujours.

*Air du luth galant.*

Joyeux enfans, c'est dans ce jour heureux
Qu'il faut prouver qui de nous boit le mieux.
Puisque de cent flacons la table se décore,
Versez, versez, amis, versez, versez encore;
    Versez à nos amours,
    Versez, versez toujours.

Triste censeur, condamne nos plaisirs,
  Mais ne crois pas bonner là nos désirs :
Nous avons enterré la boîte de Pandore.
Versez, versez, amis, versez, versez encore;
    Versez à nos amours,
    Versez, versez toujours.

Faisons sauter fillettes et bouchons,
  Vidons, brisons, remplissons nos flaçons;
Qu'ici le verre en main nous retrouve l'aurore.
Versez, versez, amis, versez, versez encore;
    Versez à nos amours,
    Versez, versez toujours.

Enfans bâtards du père des raisins,
  Nous vous rayons du nombre des humains;

D'un fade buveur d'eau l'aspect nous déshonore.
Versez, versez, amis, versez, versez encore;
Versez à nos amours,
Versez, versez toujours.

Jeunes beautés, dont les piquans appas
Daignent souvent partager nos ébats,
Souriez au cristal que ce nectar colore.
Versez, versez, amis, versez, versez encore;
Versez à nos amours,
Versez, versez toujours.

CHARLES LEPAGE.

## La chanson.

Air : Ça n'se peut pas.

Pour chasser les ennuis, la peine,
Il n'est rien tel qu'un gai refrain;
On le trouve dans l'Hypprocrène;
Mon Hyppocrène, c'est le vin.
Mes amis, voulez-vous m'en croire?
Pour prouver qu'on est un luron,
Il faut joindre au plaisir de boire
Une chanson.           (4 fois.)

Une chanson a du mérite
Lorsqu'elle remplit nos désirs ;
C est la chanson qui nous invite
A goûter gaîment les plaisirs.
Une chanson sait mieux nous plaire
Qu'un mélodrame sans raison ;
Aux pantomimes je préfère
    Une chanson.

En combattant pour sa patrie,
Le Français chante, il est vainqueur :
Un poltron craint-il pour sa vie ?
Il chante, et brave ainsi la peur,
Si quelque docte compagnie
Me fait bâiller dans un salon,
Vite, j'appelle la folie
    Et la chanson.

Orphée adorait Eurydice ;
Mais bientôt, déplorant sa mort,
Pluton, dit-il, sois-moi propice,
Rends-moi l'arbitre de mon sort.
A sa voix tout le sombre empire
Devient muet d'attention :
Il n'avait pourtant que sa lyre
    Et sa chanson.

héros verrait-il sa gloire
Parcourir ce vaste univers
Si le poète à sa mémoire
Ne créait des chants et des vers?
Conquérans, qui vous déifie,
Qui vous élève au Panthéon?
C'est moins Clio que Polymnie
    Et la chanson.

Tout meurt et disparaît sur terre,
Rois, héros, sages et savans,
Et leur souvenir éphémère
S'efface sous la faux du temps.
Comme on voit du divin Homère
D'âge en âge briller le nom,
Anacréon reste le père
    De la chanson.

---

## UN COEUR ET DEUX AMOURS.

### MUSIQUE D'ARISTIDE DE LA TOUR.

Réponse à *Non, Monseigneur!*

Même air.

Oui, oui, oui, Monseigneur,
Prenez soin de ma mère;

Entre vous deux sur terre
Je partage mon cœur.

Nina, près de ta mère
Tu souffres aux châlets ;
Ange, tu m'es si chère,
Viens vivre en mon palais !
     Viens !
Oui, etc.

Si l'austère vieillesse
Condamne nos désirs,
Laissons-lui sa sagesse,
Et gardons nos plaisirs.
     Viens !
Oui ! etc.

Ensemble, douce amie,
Jurons d'aimer toujours ;
Le printemps de la vie
Est fait pour les amours !
     Viens !
Oui, etc.

Viens, Nina... pose encore
Sur mes lèvres de feu
Tes lèvres que j'adore...

Mourons à ce doux jeu !
     Viens !
Oui, etc.

Que le sentiment tendre
D'un heureux souvenir
Dans nos cœurs viennent prendre
La place du plaisir.
     Viens !
Oui, etc.

J'exauce ta prière :
Oui, l'auteur de tes jours
Par moi de sa carrière
Bénira l'heureux cours !
     Viens !
Oui, etc

## A FANNY.

*Air de l'incas.*

Pour nous l'aurore de la vie
Serait bien douce désormais ;
C'est près d'une fidèle amie
Que l'on goûte les plaisirs vrais.

Dans un soupir, dans une larme
Alors on trouve mille attraits ;
Combien nos jours auraient de charmes,
Bonne Fanny, si tu voulais !

Nous pourrions voir arriver l'age
Sans peine comme sans regrets,
Et goûter même dans l'orage
Tous les délices de la paix.
Au sein d'une vive tendresse
Les instans s'écoulent parfaits ;
Les nôtres seraient pleins d'ivresse,
Bonne Fanny, si tu voulais !

Chacun nous porterait envie ;
L'amour seul formant nos souhaits,
Dans une retraite chérie
Nous comblerait de ses bienfaits.
Pour atteindre au bonheur suprême,
Il est encore quelques secrets ;
Je te les apprendrais moi-même,
Bonne Fanny, si tu voulais !

# La Grisette,

## OU

## L'APPARTEMENT A LOUER.

Air : *Versez, versez les vins de France.*

Souvent en quittant sou réduit,
Soit par finesse ou par méprise,
Tout à coup , Dieu, quelle surprise !
Une jeune beauté vous suit.
Si vous voyez à tout moment
Que devant vous elle s'arrête,
En baissant les yeux lentement,
Pour vous montrer son étiquette,
Qu'est-ce donc? C'est une grisette
Qui veut louer son appartement. (Bis.)

L'autre jour, dans un omnibus,
Sans frayeur et sans nul obstacle,
Je m'en fus tout droit au spectacle,
Où je vis l'aspect de Vénus.
Sitôt avec empressement,
Moi, je mis l'œil à ma lorgnette ;

Mais je me suis dit sagement,
Lorsque j'aperçus sa toilette :
Qu'est-ce donc ? C'est une grisette
Qui veut louer son appartement.

A présent, combien voyons-nous
De bonnes et de cuisinières
Qui, par leurs certaines manières,
Conviennent presqu'à tous les goûts !
Celle-ci marche vivement
D'un pas fier et levant la tête ;
Mais fixez son œil hardiment,
Vous direz, voyant la fillette :
Qu'est-ce donc ? C'est une grisette
Qui veut louer son appartement.

Souvent, malgré ses embarras,
Une coquette à fine taille
Se couche la nuit sur la paille,
Et porte robe à falbalas.
Pour payer cet ajustement
Elle fait sit ! sit ! en cachette,
Et le novice bêtement
Suit la belle dans sa chambrette.
Voilà comme fait la grisette
Qui veut louer son appartement.

L'épaulette d'or.

Air : *Les lauriers sont en fleurs.*

Pourquoi ces soupirs, mon amie,
Pourquoi toutes les nuits pleurer
Quand l'intérêt de la patrie,
Comme moi, devrait t'inspirer?
Allons, crois-moi, plus de faiblesse;
La gloire guide mon essor :
Cache-moi tes pleurs, ta tendresse,
Je veux gagner une épaulette d'or.

Je plains celui qui, dans la vie,
N'a jamais connu que l'amour :
Je plains celui que la folie
Vers elle entraîne chaque jour.
Si je t'aime, j'aime la gloire!
Oh ! ne retiens pas mon transport;
J'aperçois de loin la victoire
Qui me présente une épaulette d'or.

Vois, je pars en habit de bure;
Je reviendrai brillant d'éclat;
Tu souriras à ma parure,
Noble preuve du bon soldat,
Lorsqu'au retour tes mains tremblantes,

Tes lèvres, d'amour palpitantes,
Embrasseront mon épaulette d'or.

L'amant partit; la pauvre fille
Resta seule avec sa douleur.
Pierre bondit, son œil pétille,
Il est bientôt au champ d'honneur :
Il obtient le prix du courage,
Et rentrant tout joyeux au port,
Il vient consoler le veuvage
En lui montrant son épaulette d'or.

## Je veux vous plaire.

Vous avez beau faire,
Bon gré, malgré,
Moi, je veux vous plaire,
Et je vous plairai.

J'étais boudeuse, capricieuse,
Au point de vous faire enrager :
Plus de caprice, plus de malice,
Pour vous, Monsieur, je veux changer.
Plus que personne, je serai bonne,
Si bonne qu'il faudra m'aimer :

Qu'on se courrouce, qu'on me repousse,
Je saurai bien vous désarmer.

   Vous avez beau faire, etc.

Pour ma toilette je suis coquette ;
J'allais à ce bal de la cour
En puritaine un peu mondaine :
Mon costume était un amour.
J'étais jolie ; mais je l'oublie,
Et ce bouquet qui me rendait
Si séduisante, si ravissante,
Me semble laid s'il vous déplait.

   Vous avez beau faire, etc.

Mais, pour vous plaire, que faut-il faire ?
De vos rivaux avez vous peur ?
Discours frivoles, douces paroles
N'arrivent pas jusqu'à mon cœur.
Mais plus de fêtes, plus de conquêtes,
Si le monde vous rend jaloux.
Pour la retraite me voilà prête ;
Car je suis si bien avec vous !
Vous avez beau faire, en vos yeux j'ai lu :
J'ai voulu vous plaire, et je vous ai plu.

## Les enfans de Momus.

Air : *Feu, feu, monsieur Mathieu,*

Vous
Tous,
Aimables fous ;
Notre goguette
Vous guette ;
Aux doux
Sons des glouglous
Venez chanter avec nous.

A la porte tout exprès
La folie
Vous publie :
Qu'ici, sans bruit, sans apprêts,
Momus dicte ses arrêts !
Vous, etc

Nous avons joyeuseté
Et franchise
Pour devise.
Chez nous toujours la gaîté

Est la sœur de la santé.

Vous, etc.

Qu'Anitus vante à loisir
Sa morale
Doctorale,
Notre esprit ne peut saisir
Que les dogmes du plaisir.

Vous, etc.

Près du serpent, au lutrin,
Qu'une ouaille
Hurle et braille ;
En ce temple, un tambourin
Suffit pour nous mettre en train.

Vous, etc.

Fuis, toi qui dans les sanglots,
Dans les larmes
Vois des charmes ;
Les vins coulant à grands flots
Sont nos plus rians tableaux.

Vous, etc.

Toi, qu'un recors mécontent
Et menace,
Et pourchasse,
Viens, nous prenons pour comptant

Un refrain vif et chantant,

Vous, etc.

Aucun cagot tonsuré,

Sur notre ordre

Ne peut mordre ;

Car le Ciel est assuré

Aux gens à cerveau timbré.

Vous, etc.

Ici, narguons la prison,

Puisqu'en France

La puissance

Accorde aux gens sans raison

Une petite maison.

Vous

Tous

Aimables fous,

Notre goguette

Vous guette :

Aux doux

Sons des glouglous

Venez chanter avec nous.

L. FESTEAU,

◇◇◇◇◇◇◇◇◇◇◇◇◇◇◇◇◇◇◇◇◇

# Versez donc !

## CHANSON BACHIQUE.

*Air connu.*

Quand l'amitié me convie
Dans un bachique repas,
Lorsque ma bouche est remplie,
D'où vient qu'on ne verse pas?
    Mais versez donc ! (*bis.*)
Moi, je bois jusqu'à la lie;
Amis, versez-moi du bon.

Tudieu!.... dit, dans son Olympe,
Jupin en croisant les bras,
Au gosier la soif me grimpe;
Hébé, vous ne versez pas.
    Mais versez donc !
Demain vous parlerez guimpe;
Aujourd'hui, versez du bon.

Dans une église, *Latreille*
Baille et s'endort; mais bientôt
Une sonnette l'éveille,
Et lui de dire tout haut :
    Mais versez donc,

Garçon, vite une bouteille,
Uue bouteille, et du bon.

Votre prophète imbécile
Vous défend un doux nectar :
Tâtez-en, disait Basile,
En convertissant Omar ;
   Mais versez donc,
C'est la loi de l'Évangile ;
Par Jésus buvez du bon.

Pierre, avec sa parsonnière,
Buvait du *parfait Amour* ;
Mais voilà-t-il pas que Pierre
N'a plus soif et reste court.
   Mais versez donc,
Dit la belle offrant son verre :
Versez encore, et du bon.

Aimant un peu la goguette,
Des autels un serviteur,
Aspirant au vin qu'il guette,
S'écriait avec ferveur :
   Mais versez donc,
Coquin, videz la burette :
Versez tout, car il est bon.

Justin Carassol.

## Le caporal et le conscrit.

Air : *De la catacoua.*

« Caporal, c'est moi que j'invite,
Faites-moi celui d'accepter ;
Je suis amoureux de c'te p'tite,
A qui je voudrais en conter ;
Mais pour lui décliner la chose,
Faudrait qu'un malin, comme vous,
  Vint avec nous,
  Et m'dise en d'sous,
  Ce qu'on s'permet
  Auprès de son objet ;
Ça me formerait j'suppose ;
  Caporal,
  Je paie un régal. »

« Allons, Jean-Jean, si ça t'contente,
J'accepte l'invitation.
C'est ça ta p'tite ? Elle est tentante ;
Je conçois l'inclination.
Donnez-moi votre bras, la belle :
Toi, Jean-Jean, march'derrière au pas ;
  Surtout n'va pas,
  En aucun cas,

Faire un mouv'ment

Sans mon commandement.

Prends ma tournure pour modèle.

Caporal.

C'est l'point capital.

« Il faut entrer dans c'te guinguette;

Nous rafraîchir me semble urgent;

Faut être galant près d'une fillette :

Garçon, du vin!... Verse, Jean-Jean.

Vois comme ta belle a l'air tendre;

Tiens, v'là comme on prend un baiser :

Pour t'amuser,

Faut supposer

Qu'c'est toi, Jean-Jean,

Qui l'embrasse à présent;

Admire comm' je sais m'y prendre.

— Caporal,

C'est original. »

« Mais je crois qu'j'entends d'la musique;

Belle enfant, nous allons walser;

Au bal je suis bon là, j' men pique;

Jean-Jean, tu nous verras passer.

Pendant qu'à ta particulière

Je vais montrer mon abandon,

Prends un' leçon,

Commę un tonton,

Tourne tout seul

Autour de ce tilleul ;

Moi, j'vais fair'tourner c'te p'tit'mère.

— Caporal.

Ne vous fait's pas d' mal.


Jean-Jean, avec obéissance,

Sans s'arrêter tourne toujours,

Après une assez longue absence

On lui ramène ses amours :

« Tiens, Jean-Jean, pour le badinage

V'là ton objet bien disposé;

J'ai tant pressé,

Tant courtisé,

Qu'à c't'heur'mon p'tit,

En avant... et suffit ;

Pour toi, je me suis mis en nage,

— Caporal,

Vous êtes sans égal. »

Paul De Kock.

## Le farceur.

CHANSONNETTE,

*Air du vaudeville du Dîner de garçonr.*

Mon cousin est un grand farceur,
Ses manières sont bien aimables;
Les niches, voilà son bonheur,
Il en fait de bien agréables.
Quand il va dans une maison,
Afin de mieux jouer son rôle,
D'abord il a l'air d'un Caton,
Mais dès qu'il fait le polisson....
Mon Dieu, que mon cousin est drôle.

Hier, il dînait chez papa,
Il était d'une humeur charmante;
A peine assis, il renversa
Tout son potage sur ma tante;
Puis, comme il voulait parier
De ne plus faire cette école,
Zeste, en prenant le saladier
Sur maman il jeta l'huilier....
Mon Dieu, que mon cousin est drôle.

Quand il imite un animal,
Ah! c'est alors qu'il faut l'entendre !
Il fait tout : âne, chien, cheval,
Et c'est vraiment à s'méprendre.
L'autre soir, d'un grand sérieux,
Tout-à-coup voilà qu'il miaule ;
Notre chat devint furieux,
Et voulut lui sauter aux yeux....
Mon Dieu, que mon cousin est drole.

Maman élevait un serin
Dont on admirait le ramage ;
Il gazouillait soir et matin
Dès qu'on approchait de sa cage.
Mon cousin dons un beau transport,
Un jour, le prend, il le cajole,
Et lui fait tant faire le mort
Que notre oiseau le fait encor....
Mon Dieu, que mon cousin est drôle.

C'est au bal qu'il s'en donne bien !
Il ne va jamais en mesure ;
Pourtant il trouve le moyen
De déranger chaque figure ;
Allongeant sa jambe au moment
Où l'on fait une cabriole,
Grâce à lui, ma sœur, en tombant,

Se cassa deux dents de devant....
Mon Dieu, que mon cousin est drôle.

Paul de Kock.

## L'orage.

Air de *Juive et chrétien*.

Avant de s'élancer sur l'onde,
De pauvres Marins, sur le bord,
Demandent au maître du monde
Quelques rayons d'un soleil d'or ;
Puis en saluant la madone,
Pieusement disent ces mots :
Protége-nous, Vierge si bonne,
O toi, Notre-Dame-des-Eaux!

Un léger vent enfle la voile,
Ils partent ; mais hélas ! le soir,
De la nuit pas même une étoile
N'argentera le voile noir.
Sourdement gronde le tonnerre,
L'éclair promène ses flambeaux :
Alors commence leur prière
A la sainte reine des eaux.

« N'est-ce pas toi, vierge sublime,
« Que Dieu favorise le plus ?
« N'est-ce pas toi qui de l'abîme
« Préserve des milliers d'élus ?
« Qui des destins dore les chaînes,
« De fleurs en soude les anneaux ?
« Tu prendras pitié de nos peines,
« O toi, Notre-Dame-des-eaux.

« Vois, vois tout là bas sur la plage
« Nos mères, nos enfans, nos sœurs,
« A genoux conjurant l'orage,
« Prier la mère des douleurs.
« Leur voix qu'unit la brise amère
« Aux concerts plaintifs des roseaux
« Est déchirantes »..... Leur prière
Touche Notre-Dame-des-Eaux.

L'arc-en-ciel, divine auréole,
Signale la paix avec Dieu ;
Le martinet voyageur vole
En serpentant sous un ciel bleu.
Foudres, brisans, éclairs, tout cesse,
Et l'on entend les matelots
Chanter en cœur, émus d'ivresse :
    Merci, Notre-Dame-des-Eaux !

ERNEST.

✧✧✧✧✧✧✧✧✧✧✧✧✧✧✧✧✧✧✧✧

## Le Ruisseau.

**Air :** *Viens dans mes bras, séduisante maîtresse.*

Je te revois sillonnant la prairie,
Et ton aspect fait palpiter mon cœur ;
Car tu reçus de l'aimable Délie
Le doux aveu qui fait croire au bonheur.
Charmant ruisseau, près de tes bords humides
Je viens chanter des regrets superflus,
Et le doux bruit de tes ondes limpides
Rappelle, hélas! des jours qui ne sont plus.

Combien de fois sur la rive sauvage
L'écho jaloux a redit nos chansons !
Du rossignol imitant le ramage,
De notre voix les eaux roulaient les sons.
Charmant, etc.

Je crois encor de sa course légère
Suivre craintif les pas précipités.
Que sous ses pieds de la verte fougère
Sans se faner les brins sont agités.
Charmant, etc.

A son printemps elle quitta la vie,
Qu'un pur amour l'engageait à chérir,
Comme la fleur à peine épanouie
Qu'en un seul jour on voit naître et périr.
Charmant, etc.

Le temps cruel n'arrête pas ta course,
Muet témoin de quelques heureux jours.
Hélas ! mon cœur est semblable à ta source,
Des pleurs amers y renaissent toujours.
Charmant ruisseau, près de tes bords humides
Je viens chanter des regrets superflus,
Et le doux bruit de tes ondes limpides
Rappelle, hélas ! des jours qui ne sont plus.

ERNEST.

## Je ne vois plus que toi.

Ils sont passés ces longs jours pleins d'alarmes
Que je coulais dans un mortel ennui,
Où le dépit, en m'arrachant des larmes,
Me fit haïr jusqu'au bonheur d'autrui ;
Car mon espoir s'était évanoui.

En m'avouant que j'avais su te plaire,
Tu rappelas tous les désirs vers moi ;
Mes yeux, mon cœur, s'ouvrent à la lumière,
    Je ne vois plus que toi ! (Bis).

Le croirais-tu, déjà les vents d'orage
De ma jeunesse avaient flétri la fleur ?
J'avais, hélas ! un jour sur leur passage
Vu succomber une mère, une sœur....
Ce souvenir réveille ma douleur !
Pour honorer leur auguste mémoire,
A mon amour une femme avait droit.
Puisqu'au bonheur tu me permets de croire,
    Je ne vois plus que toi ! (Bis).

Adieux, rochers, et toi; bois solitaire,
Obscur Eden où j'errais incertain ;
Adieux, ruisseaux, roseaux, mousse et bruyè-
A votre aspect j'éprouve du dédain.    [re,
J'ai vu des fleurs sur un autre chemin ;
Ange d'amour, en les faisant éclore,
Pour les cueillir tu me donnas ta foi.
Adieu, passé, l'avenir se colore,
    Je ne vois plus que toi ! (Bis).

                      ERNEST.

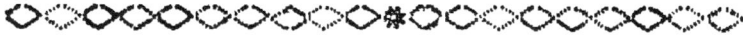

## Aimons-nous !

Air : *Allons, ma belle.*

Mon existence à son aurore
Présage un riant avenir,
Au doux rayon qui la colore,
L'espoir naît avec le désir.

O douce amie,
Toujours jolie,
Lorsque le temps te vieillira
Mon amour te rajeunira.

L'hymen te rend ma souveraine,
Mes jours sont soumis à ta loi.
Ordonne, ordonne, aimable reine ;
La volupté règne avec toi.

O douce amie, etc.

Les fleurs qui forment ta couronne
Ont bien plus d'attraits pour mon cœur
Que la pourpre et l'éclat du trône ;
L'ennui siége avec la grandeur.

O douce amie, etc.

N'imitons pas cette hirondelle,
Qui fuit à l'aspect des frimats ;
Heureux comme la tourterelle,
Trouvons l'amour dans nos climats.

O douce amie,
Toujours jolie,
Lorsque le temps nous vieillira
Notre amour nous rajeunira.

ERNEST.

## La première nuit des Noces.

Air d'Asmodée ( Festeau )

Le char des nuits commençait sa carrière
En répandant l'ombre sur l'univers :
L'ermite avait terminé la prière
Et le hibou faisait frémir les airs.
A la lueur du flambeau d'hyménée,
Pour prolonger des transports enivrans,
Un doux sommeil vient s'emparer des sens
De deux amans unis dans la journée.
Portés aux cieux, sur l'aile des amours,
Tendres époux, rêvez, rêvez toujours.

Sur un nuage ils s'élèvent rapides,
Léger zéphir protége leur essor ;
Puis au-delà des régions humides
D'un ciel brillant ils abordent le port.
Jardin fleuri sans rochers, sans collines,
Où tout sentier mène droit au bonheur,
Où chaque élu méconnaît la douleur,
Et peut cueillir des roses sans épines.
Portés aux cieux, etc., etc.


Tout auprès d'eux sourit à leur tendresse,
Tout auprès d'eux respire la douceur ;
Tout désir fuit et fait place à l'ivresse ;
Nul n'est jaloux du calme de leur cœur.
Guidant leurs pas, sur des harpes dorées,
Cent chérubins préludent à la fois,
D'anges aussi, la pure et douce voix
mêle leurs noms à leurs hymnes sacrées.
Portés aux cieux, etc., etc.


A leur bonheur ils n'osent croire encore,
Un sentiment de crainte les surprend.
De tant d'amour un fruit est près d'éclore;
Mais sans douleur tout cède en un instant.
Nouvelle joie en leur cœur se révèle
Sur l'océan du monde deux jumeaux

Loin des écueils sont bercés par les flots,
Le doigt de Dieu dirige leur naule.
Portés au cieux , etc., etc.

Puisque sur vous la divine harmonie
Vient prodiguer ses suaves faveurs,
Du tendre hymen la chaîne qui vous lie
N'est qu'un feston formé de vives fleurs.
La foi, dit-on, est sœur de l'innocence ;
Gardez-la bien sous ce règne enchanté
Le doute est pis que la réalité
Il détruit tout, tout jusqu'à l'espérance.
Priez le ciel que de tendres amours
Entre leurs bras vous enivrent toujours.

ERNEST.

## Tendres regrets.

Air : *Vénus sur la molle verdure.*

Songes rians de la jeunesse,
Que vous nous quittez promptement !
Faut-il qu'une si douce ivresse
Ne dure pas plus d'un moment ?

Age heureux où tout semble aimable,
Où chaque objet offre un plaisir,

Vif attrait, charme inexprimable,
Le cœur s'épuise à te sentir.

Pourrait-il d'un feu qui dévore
Éprouver deux fois les effets ?
Des cendres s'échauffent encore,
Mais ne se rallument jamais.

Il n'est plus rien, rien qui m'enflamme ;
Je languis triste et sans désirs ;
Mais il est au fond de mon âme
Une image et des souvenirs.

ANDRIEUX.

FIN.

IMPRIMERIE DE P. BAUDOUIN,
rue des Boucheries St-Germain, 38.